AF822956

CARLOS GUILLERMO LLABRÉS

¡SOCORRO!
MI HIJO SE DROGA
¿QUÉ HAGO?

Grupo Editorial Lumen

Buenos Aires - México

Colección: **Adicciones y cómo vencerlas**
Director: Prof. Dr. Faustino F. Beltrán

Llabrés, Carlos Guillermo
¡Socorro! Mi hijo se droga, ¿qué hago? – 1.ª ed. –
Buenos Aires : Lumen, 2004.
80 p. ; 13,5x21 cm.

ISBN 987-00-0459-8

1. Autoayuda I. Título
CDD 158.1

Grupo Editorial Lumen
Viamonte 1674, (C1055ABF) Buenos Aires, República Argentina
☎ 4373-1414 (líneas rotativas) • Fax (54-11) 4375-0453
E-mail: editorial@lumen.com.ar
http://www.lumen.com.ar

Hecho el depósito que previene la Ley 11.723

LIBRO DE EDICIÓN ARGENTINA
PRINTED IN ARGENTINA

ÍNDICE

¿Por qué este libro? 9
¿Qué hago con mi hijo? ¿Adónde voy?
¿A qué médico llamo? 11
Lo primero que conviene saber.
El panorama general 13
Es útil conocer al contrincante 15
¿Qué son las drogas? 19
Características de las drogas ilícitas más usadas 21
No ilícitas pero peligrosas: alcohol y tabaco 35
Algunas advertencias para prevenir las adicciones 37
Siempre conviene estar alertas 39
¿Y si todo indica que ya consume? 41
¿Cuáles son las etapas del uso indebido de drogas? 43
Diagnóstico personal 46
¿Y después? Ocuparse de la droga 51
El trabajo en red 53
Dialogar y saber escuchar. La mejor prevención 55
¿Combatir o despenalizar? 59
Programas para salir de la droga 61
Planes terapéuticos en el área ambulatoria 63
Internación en centros de día (nivel II)
o comunidades terapéuticas (nivel III) 65
Cuadros clínicos agudos. Terapias de urgencia 69

Drogas en la Antigüedad..73
El desafío actual...75
Bibliografía 78

AGRADECIMIENTOS

A la Lic. Irma Rosa Mazzucchelli, por sus incansables aportes y correcciones.

Al socioterapeuta Patricio Castilla Gaviña, por su visión práctica y esclarecedora.

Al Lic. Claudio Rodríguez, por su paciencia conmigo y sus conocimientos técnicos de esa máquina infernal que es para mí la computadora.

Al Dr. Faustino F. Beltrán, por su optimismo y su convicción sobre la viabilidad de esta publicación. Por las correcciones y las sugerencias, fruto de su experiencia en esa tarea, acompañadas, en este caso particular, por el afecto de muchos años de sincera amistad.

¿POR QUÉ ESTE LIBRO?

Este libro está dirigido a aquellos que padecen la forma "más dura" de las DROGAS, o sea a los que tienen un adicto entre sus seres queridos. Me refiero a esos padres, hermanos, tíos, abuelos, amigos o parejas que sufren la difícil convivencia con usadores a prueba, abusadores o, peor aún, dependientes de las drogas.

Sé que es difícil afrontar la realidad. Busquemos ayudarlos a resolver los problemas desde el comienzo hasta el final de la ardua tarea que deben realizar hasta encontrar la auténtica gratificación, el ansiado bienestar.

¿QUÉ HAGO CON MI HIJO? ¿ADÓNDE VOY? ¿A QUÉ MÉDICO LLAMO?

El consumo indebido de sustancias es conocido desde todos los tiempos, pero en la actualidad, con características muy particulares y un marcado incremento, llega a desorientarnos.

Se trata de un trastorno social de múltiples causas; por lo tanto, difícil de abordar, investigar y solucionar sin conocimientos sólidos, actualizados, consistentes. Éstos son imprescindibles para lograr establecer estrategias adecuadas para su tratamiento.

De entrada, no se desanime. Cuando se comienzan a conocer las características de cada droga y las distintas formas de las adicciones, ante la magnitud del problema, lo primero que nos ocurre es **paralizarnos**. No tenemos ganas de hacer nada, no sabemos, en nuestra desesperación, a quién recurrir. Luego, nos lanzamos, por la falta de recursos conocidos, a la búsqueda de soluciones mágicas o a la aceptación pasiva: "Ya se le va a pasar." En nuestra desorientación, nos sentimos injustamente culpables y muy enojados.

Vamos a intentar ayudarlos con calma.

LO PRIMERO QUE CONVIENE SABER. EL PANORAMA GENERAL

El creciente avance en el consumo de drogas, lícitas e ilícitas, y la magnitud que cada problema trae nos impulsan a colaborar, en principio, con información adecuada. Nos queda muy claro que la información por sí sola no alcanza. Por eso, nuestro objetivo final es movilizar a los lectores para obtener modificaciones individuales y comunitarias; siempre acompañadas de comprensión y solidaridad para ayudar al que consume.

El uso indebido de sustancias y drogas, que lleva a las adicciones, hace tiempo que ha dejado de ser un problema para un solo individuo, su hijo. Ni siquiera lo es para una sola familia. Abarca a un grupo cada vez más grande de personas que se ven involucradas, de una u otra manera, con el consumidor y todo lo que acompaña al consumo.

Se dan varias paradojas. La más irritante es que el alcohol, el tabaco, y los productos farmacológicos por todos conocidos como los de mayor utilización por la población en general, son de uso lícito, libre o con muy escasas restricciones que, en general, no se cumplen. Ellos siempre cuentan con el enorme apoyo publicitario de las fuertes industrias que los comercializan. Se trata de una situación económica de gran dimensión, con múltiples beneficios también para el Estado, que gana dinero con los impuestos a estos productos e industrias. Además, se cubren numerosos puestos de trabajo, tan necesarios en épocas de recesión y crisis. Y hasta el último quiosquero aumenta sus ingresos con la venta de productos lícitos y, en algunos casos, también ilícitos, a toda hora del día o de la noche.

La aceptación social y la actitud pasiva de muchos de nosotros logran, en los casos de abusos, producir verdaderos estragos en la población consumidora.

Lo preocupante es que los más vulnerables, los niños y adolescentes, son los primeros en caer. Cada año, a edades más tempranas. Sin futuro promisorio por el momento.

Otra paradoja es cómo la droga se asocia con la pobreza, la desocupación, la desnutrición, el abandono escolar, y hasta con la violencia y la delincuencia en forma notoria.

Igualmente, ningún grupo se salva. Los que poseen medios económicos adecuados para tener sus necesidades básicas satisfechas no sólo cubren éstas, sino también la adquisición fácil de drogas. Y caen, como el otro grupo, en la pereza, el abandono, la indiferencia, la falta de proyectos, la deserción, y el fracaso escolar y laboral, característicos de las adicciones. También, sin futuro promisorio.

ES ÚTIL CONOCER AL CONTRINCANTE

Mencionaremos algunas cifras oficiales de la República Argentina, como ejemplo de fenómenos que se producen en muchos países. Según la SEDRONAR (Secretaría de Programación para la Prevención de la Drogadicción y la Lucha contra el Narcotráfico), se estiman en más de 650.000 los consumidores de drogas ilícitas. El 90 % de éstos tuvo su primer contacto en la adolescencia, y cada año en edades más tempranas.

Hay pocas estadísticas. En el grupo de 12 a 15 años, se estima que un 60 % son consumidores de drogas sociales (alcohol y tabaco). Un 3,6 % de la población en general consume drogas ilícitas. El 76 % son varones.

Un párrafo especial merecen los psicofármacos. En la República Argentina, en el año 2002, se vendieron 820 millones de unidades, que en dinero son actualmente 263 millones de pesos (unos 100 millones de dólares), según el informe de la SEDRONAR. ¡Resulta un consumo promedio de 35 unidades de psicofármacos por año por habitante! Recetados por un médico o recomendados por un amigo que, al vernos "nerviosos", nos ofrece una pastilla tranquilizante que tiene en su casa y le sobró de la caja.

Los 820 millones de psicofármacos representan el 10 % del total de medicamentos vendidos con receta. Esta proporción está actualmente en aumento. Todo es legal, sin contar con el circuito paralelo, gracias al que se pueden conseguir éstos y otros tipos de drogas, sin ningún control de calidad ni precio.

En la Argentina, fuma tabaco el 30 % de la población en general.

Un 25 % de los médicos también fuma, aunque conocen los perjuicios del tabaco. La información que ellos poseen, sola, no evita la adicción.

La Secretaría de Prevención y Asistencia de las Adicciones de la Provincia de Buenos Aires nos informa que en la Argentina hay más de 1.275.000 alcohólicos mayores de 16 años.

Pero el futuro no parece promisorio, pues actualmente 800.000 menores de entre 12 y 15 años de edad ya consumen alcohol regularmente.

La asociación del alcohol con accidentes de tránsito produce un 35 % de muertes. Esto supera las muertes por homicidio y suicidios en los grupos de edades de 18 a 30 años.

Las víctimas fatales de la asociación alcohol/accidentes de tránsito en los menores de 17 años es de 15 %, cifra que debe alertar a todo adulto que autoriza a un menor a conducir o transportarse en vehículos cuando existe la posibilidad de tener acceso al alcohol.

El alcohol, como desinhibidor de conductas reñidas con la ley, tiene una presencia importante; el 26 % de los detenidos por delitos contra la propiedad y/o contra terceros, en la provincia de Buenos Aires, consumió alcohol antes del hecho delictivo. Del total de los detenidos por causas penales el 70 % consume alcohol regularmente.

En un mercado mundial, actualmente globalizado, el narcotráfico es la segunda industria del circuito financiero. Moviliza 1 millón de dólares por minuto. La tercera industria que moviliza 1 millón de dólares cada 2 minutos es la de medicamentos. La primera sigue siendo la de armamentos, con 1 millón de dólares cada 20 segundos.

Estas escasas cifras pretenden darnos una breve orientación sobre la dimensión que abarca el problema, donde lo que sólo vemos es el producto final: **el adicto**.

Pretender combatir las adicciones con esperanzas de éxito total es un absurdo, por la magnitud del contrincante.

Pero pequeños triunfos nos gratifican y nos ayudan a continuar en actividad.

¿QUÉ SON LAS DROGAS?

Las definiciones nos resultan de gran utilidad para, a través de ellas, delimitar un campo de estudio y acción. Todo lo que se incluye dentro de ellas nos aclara y amplía conceptos de importancia para nuestra tarea.

Vamos a elegir una *definición de drogas*: sustancias sintéticas o naturales que, incorporadas al organismo, alteran la conducta, la percepción, el estado de ánimo, y aumentan o disminuyen el rendimiento físico y psíquico.

Si nos detenemos a observar alguna parte del mundo que contactamos, podemos vincular con esta definición a una variada gama de personas y actividades. Por ejemplo:

• El hombre común o el artista que, para animarse a hablar o actuar en público, toma siempre una copita de alcohol. Según su opinión, lo ayuda a desinhibirse y actuar bien.

• El creativo publicitario que, para hacer una tarea extra, confiesa que habitualmente se ayuda con un toque de cocaína o ácido lisérgico.

• El ejecutivo de una empresa muy importante que, para ser mentalmente más ágil y competente, recurre a menudo a esa anfetamina tan particular.

• El deportista de elite que, para pruebas especiales, ingiere una mezcla con efedrina para producir esa "magia" que necesita para vencer.

• El niño pobre, desnutrido, abandonado, de la calle, que se "bolsea" con inhalantes para no sentir hambre y frío.

Releamos la definición: todas son drogas

Todos ellos tienen su discurso justificativo que les calma la culpa y al que se adhieren firmemente, defendiéndolo ante cualquier observación o comentario.

La definición de droga, bien comprendida, cumple su cometido. Nos ubica ante el problema, nos hace ver la realidad.

CARACTERÍSTICAS DE LAS DROGAS ILÍCITAS MÁS USADAS

ESTIMULANTES

Marihuana

Derivada de la especie botánica *Cannabis sativa*. Habitualmente se fuma. Se conoce como "porro", "yerba", "grifa" el producto de las hojas de la planta. ***Haschis*** es el producto de las flores solas.

Altera el sentido del tiempo y la coordinación. Como toda droga incorporada al organismo, el resultado observable depende de la personalidad biopsicosocial previa del usador. Informamos los efectos más comúnmente descritos.

Aumenta el apetito. Modifica la sensibilidad auditiva y visual. Produce sobreexcitación de los sentidos: alegría, risa, euforia.

Trae escasa dependencia. En la etapa final de su acción, trae reposo profundo y sueño.

Se ha observado clínicamente una mayor incidencia de cáncer de cuello, cara y cerebro, en consumidores de marihuana que en el resto de la población no consumidora. Superando aun los cánceres de fumadores de tabaco.

Los consumidores la asocian habitualmente con otras drogas, por ejemplo alcohol. En su insistente defensa, tienen un discurso recurrente de inocuidad, ignorando los trastornos que con el tiempo puede producir.

Cocaína-crack

Se aísla de las hojas de la planta de coca, cultivada actualmente en grandes extensiones en toda América.

Originariamente, sus hojas eran masticadas. Aún lo hacen los pobladores del Altiplano central sudamericano, Perú, Bolivia, norte argentino, Ecuador. Se utiliza para hacer más llevaderas tareas largas, tediosas, en un clima muy crudo y con la subalimentación crónica que caracteriza a los pobladores de menores recursos.

Desde 1882, se sintetiza en laboratorios, en forma de polvo. Puede beberse mezclada con bebidas alcohólicas o, disuelta con agua, inyectarse. Lo usual es inhalarla por nariz, donde deja lesiones en la mucosa nasal y hasta deteriora totalmente el tabique nasal. Su empleo en la forma inyectable se acompaña de riesgo de contagio de sida y hepatitis B.

Se expende en un envoltorio especial llamado "raviol". También puede prepararse en pomadas para uso local o en colirio para los ojos. Ésa fue la forma como Koller la descubrió, buscando una sustancia capaz de anestesiar el ojo durante intervenciones quirúrgicas, conservando el alerta del paciente. (Actualmente, se usa la procaína, sin efectos tóxicos, para esas intervenciones.)

Excita el sistema nervioso central. Al principio, produce una intensa alegría, con disminución de toda inhibición. El usuario puede originar accidentes de todo tipo.

Desaparecen la fatiga, la depresión y la angustia. Se observa una actividad febril; luego, continúa con intensa actividad alucinatoria visual; se ven cosas raras, imágenes en perpetuo movimiento. Estimula la sexualidad. Produce insomnio.

Relatan los pacientes sensaciones muy desagradables en la piel, como si les clavaran alfileres. Otros relatan sensaciones de tener insectos que les recorren la piel de los brazos o la cara. Los desesperan. Buscan quitárselos, cuando en realidad no existen; son los efectos de la droga en el organismo.

Se observan perturbaciones de la memoria y desconexión del mundo que los rodea. Aparecen trastornos, por lo tanto, del comportamiento social, laboral, de la conducta en general.

En los dependientes, tics y temblores son habituales.

La agresividad se manifiesta especialmente para conseguir dinero con el objeto de obtener su ración de cocaína. Esta característica se observa desde el inicio de la adicción, pues trae dependencia precoz.

Anfetaminas

Son productos químicos, sintéticos, similares a la adrenalina. Los más utilizados se conocen como dexedrina y benzedrina.

Abarcan gran variedad de fármacos utilizados por la medicina como reductores del apetito, en el tratamiento de la obesidad y estimulantes de la actividad. Tuvieron notoriedad en su momento, cuando fueron administrados a los soldados combatientes en la Guerra Civil Española y al comienzo de la Segunda Guerra Mundial, con funesto resultado. Como si la guerra sola, por sí misma, no originara suficiente enfermedad mental, al agregarle los efectos nocivos de las anfetaminas, llenaron de soldados los hospitales psiquiátricos.

Su uso es de gran peligro, máxime en asociación con otras drogas. Se observan desenlaces fatales y psicosis, con mayor rapidez que con cualquier otro producto conocido.

Producen completa excitación física y psíquica. Ciertos estudiantes las utilizan frente a exámenes, y algunos deportistas, antes y durante la competencia. Actualmente son muy controladas, al igual que otras drogas, por análisis efectuados en laboratorios especializados en control antidoping.

Comparten varias características muy similares a las de la cocaína como estimulantes del sistema nervioso central. Producen alivio de la sensación de fatiga y cansancio. Aumentan la capacidad laboral, traen confianza en uno mismo, eficiencia. El sujeto vive con excitación física y mental, duerme poco.

Todo esto, en forma temporaria, mientras ingiere la sustancia, a la que ya no podrá dejar sin ayuda.

Se ingieren por boca en forma de comprimidos o líquidas en solución, o se inyectan. Se las puede obtener en farmacias con recetas para tratar la obesidad...

Comparten con la cocaína el temor original del adicto a “conjuras urdidas para dañarlo o destruirlo”. Desarrolla agresividad marcada, promueve peleas, y hasta llega al asesinato para escapar de estas persecuciones imaginarias. Especialmente, cuando se encuentra realizando un “viaje”, producto de la droga.

Los síndromes de abstinencia, cuando se retira el acceso a estas sustancias, se acompañan de angustia extrema, interpretaciones delirantes y agitación física manifiesta. Son de muy difícil tratamiento por lo agudo e imprevisible de los efectos que se producen y la imposibilidad de realizar contención física.

Éxtasis

El éxtasis es una droga producida por reacciones químicas a partir de anfetaminas alucinógenas. La droga es producida clandestinamente, cambiando sutilmente algo en la fórmula de las que están controladas por legislaciones nacionales e internacionales. También se la denomina "Adán" o "bicho", nombre empleado comúnmente en las discotecas.

Produce gran excitación, con copiosa sudoración y necesidad imperiosa de tomar agua. Un indicador indirecto de su uso en las discotecas es la gran cantidad de botellas de agua, que superan a veces las de bebidas alcohólicas.

Sus propiedades alucinógenas y neurotóxicas pueden producir trastornos severos del ritmo del corazón, con aumento de la temperatura corporal por la deshidratación que acompaña la agitación permanente que trae la droga.

Su alta toxicidad hepática y cerebral puede conducir a la muerte sin necesidad de sobredosis. Una sola pastilla, en personas susceptibles, puede ser suficiente.

Su uso repetido puede producir psicosis, depresión e ideas suicidas. Las alteraciones del sueño, impulsividad, hostilidad, daños en la memoria y en la atención persisten aún después de 6 meses de abstinencia. La ansiedad, más de un año.

El consumo se asocia, según las encuestas, con un aumento del deseo sexual en un 90 % de los casos. Pero perjudica la erección en un 40 % de los hombres.

DEPRESORAS

Morfina

Es el principal alcaloide obtenido del opio. La planta es llamada también "adormidera". Se cultiva y crece principalmente en China, Egipto, India, Bulgaria y Grecia.

Se utiliza en medicina para calmar dolores muy intensos, producidos por enfermedades terminales, como el cáncer en sus múltiples formas, o en los accidentados graves, en emergencias. Se inyecta.

Actúa no sólo disminuyendo la actividad del sistema nervioso central, sino también sobre otros órganos, como intestino, vejiga, glándula tiroides y centro respiratorio, como parte importante de su acción. La depresión respiratoria incide en la oxigenación de todos los tejidos y colabora para una menor actividad cardíaca, llegando hasta el paro cardiorrespiratorio, causa de muerte, por detención de la actividad de esos órganos.

Produce rápidamente dependencia: los adictos necesitan mayores dosis cada vez. Algunos hacen una errónea valorización de la actividad de la droga. Creen que les ofrece mayores posibilidades intelectuales y bienestar. Se basan en un período de indolencia e inhibición previo, propio de su personalidad.

Con facilidad se entra en síndrome de abstinencia, al disminuir o suspender la droga.

Heroína

Producto químico creado en 1892 con la intención de obtener idéntica acción calmante del dolor que la morfina, sin producir sus secuelas de adicciones y dependencias, que eran de público conocimiento en aquellas épocas. De allí su nombre, medicación heroica, heroína. Lamentablemente, fue un vano intento. Sus resultados son aún peores que la morfina, por su potencia y rapidez de acción, en los aspectos tóxicos y de acostumbramiento.

Se inyecta, se puede ingerir y fumar.

Quienes reciben heroína dicen que con ella se terminan las timideces, los sentimientos de inferioridad e inadecuación. Con ella dicen disfrutar de bienestar, de ser "normales".

Aparecen alteraciones en el área sexual. Percepción fantástica de hipermasculinidad, afloramiento de tendencias homosexuales por la incapacidad previa (inhibición) de relacionarse con el sexo opuesto.

A la euforia y el bienestar siguen un relajamiento físico y psíquico muy intenso, agotamiento y sueño profundo.

La droga es peligrosa por su potencia para traer cuadros agudos y también de abstinencia, en muy poco tiempo, con gran intensidad y síntomas notables.

Y nuevamente aparece aquí la asociación enre drogas y guerra. Durante la guerra de Vietnam, en los años setenta, las tropas de los Estados Unidos se habituaron al uso de la marihuana y la heroína. Se calculaba que, de cada tres soldados, uno era usador. El acceso a las drogas en ese lugar era muy simple y barato (diez veces menos de lo que pagarían luego en su patria). Más de 10.000 soldados fueron arrestados y expulsados por abusos durante dos años. Muchos buscaban salir del infierno de esa guerra por este método. Pero todos necesitaron tratamientos y rehabilitación al volver a su país; con resultados inciertos y numerosas secuelas sin solución, de por vida.

Metadona

Es un producto sintetizado químicamente con objetivo semejante a la heroína: calmar el dolor y no crear dependencia. Los resultados son iguales a los obtenidos con la heroína.

Barbitúricos, tranquilizantes y sedantes

Los barbitúricos son derivados de la malonilurea. Los tranquilizantes y los sedantes, del meprobamato y los benzodiazepóxidos.

Son ampliamente utilizados por los médicos psiquiatras, con grandes beneficios para los pacientes con afecciones mentales.

Con controles periódicos y modificaciones de dosis y frecuencias, siempre realizadas por un profesional capacitado y siguiendo la evolución del paciente, son buenos aliados de la salud.

El problema adictivo surge cuando no se cumplen estas pautas; cuando el individuo se automedica, por sugerencia de un amigo o pariente. También están los que, por desidia, correctamente medicados por un profesional, sin consultar, pretenden manejar su tratamiento, modificando las dosis y los tiempos.

Aparecen así los fenómenos llamados de tolerancia y dependencia: cada vez necesitan más dosis y no toleran dejar el medicamento. En estos abusadores, como el tranquilizante ya es parte de la vida cotidiana, inocentemente lo mezclan con otros fármacos o alcohol, con la posibilidad de desencadenar, en forma inesperada, cuadros agudos o crónicos de gravedad. Ahí está el peligro. Todo medicamento, originariamente diseñado con una intención de ayuda, puede convertirse en un arma mortífera al ser manejado con descuido o en forma equivocada.

Seamos cuidadosos. **Todos.** Para distinguir y no cruzar la delgada raya que hay entre consumo adecuado y adicción.

ALUCINÓGENOS

LSD, mezcalina, peyote

El LSD (dietilamina del ácido lisérgico) es un alcaloide derivado de un hongo que invade algunos cereales. Es un líquido incoloro e insípido. Tan potente, que medio kilogramo, disuelto en el agua potable que consume la ciudad de Nueva York en un día, podría producir una locura colectiva en toda esa población. Tiene una potencia 100 veces mayor que la silocibina, producto sintetizado posteriormente de un hongo mexicano, que fue utilizado en ceremonias religiosas antiguas. Es 7.000 veces más potente que la mezcalina, obtenida a partir de la flor del peyote, un cacto de zonas desérticas del norte de México y sur de los Estados Unidos de Norteamérica, cuya acción es comparable a la marihuana. El LSD, es, por su potencia y características de ser insípido e incoloro, fácil de disimular. Es fácil de transportar y difícil de detectar. Para burlar o evadir controles policiales o aduaneros de drogas, se puede llegar a colocar en terrones de azúcar, papel de filtro o secante. Pasado el control o disimulando ante cualquier espectador no avisado, se restituye la droga disolviendo el terrón de azúcar o poniendo en contacto el papel de filtro con agua o bebidas alcohólicas. Listo para su uso.

En abril de 1943, fue descubierta la acción del LSD en Basilea, Suiza, por el químico Hofmann, quien inadvertidamente ingirió parte de la sustancia que estaba estudiando. Al observar en su persona, anonadado, los efectos, continuó sus experimentos. Fue el primero; luego, continuaron investigando millares de psiquiatras, médicos famosos, artistas, estudiantes, círculos intelectuales y universitarios de todo el mundo. En Estados Unidos, Europa y América latina, se produjeron discusiones científicas y teológicas durante dos décadas. En 1965, los "hippies" en San Francisco, adictos al LSD, ya eran 70.000. Se agregaron, como ritos, técnicas ambientales de música electrónica, luces de colores especiales, danzas y vestimentas características. Al año siguiente, el gobierno federal de los Estados Unidos prohibió su distribución y venta. Ya pasaban de 150.000 los adictos, solamente en ese país. Con trágicas consecuencias. En todo el mundo, se suspendieron entonces las investigaciones y su consumo masivo al mismo tiempo.

El uso de LSD produce distorsión de la realidad. Hay alteraciones del tiempo: aparece sumamente acelerado o ilimitado, se mezclan recuerdos de la infancia. Alteraciones de las distancias: avanzan y retroceden paredes, muebles, techo, horizonte, produciendo sensaciones de extravíos y angustia por pérdida de la orientación. Por ejemplo, muchos usadores han creído salir a caminar o volar por una ventana estando en un piso alto, con resultado funesto. Sienten alteraciones en el cuerpo, brazos que se alargan o se parten en mil pedazos. Aparecen cambios muy importantes en las emociones: omnipotencia o tristeza de vacío interno, alternando, que los lleva hasta el pánico. Alteraciones del pensamiento: aceleración automática, con gran variabilidad desde ideas desbordantes a absurdas. El adicto es observador pasivo de estas situaciones, que no puede dirigir o encaminar; junto con la pérdida de orientación, lo llevan a actos peligrosos y al suicidio.

Las experiencias llamadas psicodélicas, descriptas por los primeros seguidores e investigadores médicos, son alucinaciones. Auditivas, tales como música, sonidos electrónicos asociados a las visuales: colores magnificados, transfigurados, danzantes, puntiformes o en forma de aureola. Alteraciones en la forma de las personas, microscópicas, fantasmagóricas, "ver" el funcionamiento de órganos internos, seres de épocas antiguas. Todo, con fantasía alucinatoria y horror.

El "viaje" termina con sueño profundo, dolor de cabeza y una perdurable sensación de fatiga. Lo peor es la destrucción de la personalidad. Produce dependencia y depresión final, de muy difícil tratamiento y pronóstico desfavorable.

Actualmente, en muchos países su uso es escaso. Si se lo consume junto con alcohol, anfetaminas y/o tranquilizantes, suele ocasionar muerte súbita, por su toxicidad, o suicidios, por su acción directa sobre el cerebro.

Mezclas

Nos referimos aquí a las llamadas "club drugs", por su uso original en discotecas de Estados Unidos de Norteamérica. Son variadas en cuanto a su composición y dosis. Habitualmente, incluyen éxtasis, GHB (gama hidroxibutirato), y se suele incluir un sedante somnífero, como el Rohypnol (derivado químico de los diazepóxidos).

Producen cuadros mixtos de alucinaciones e ideas persecutorias. Originan amnesia de lo actuado bajo su influencia, luego relajación, y muy fácilmente se entra en un coma que lleva a la muerte. Son las más costosas.

Inhalantes

Vapores de sustancias orgánicas comunes, de fácil acceso por su bajo precio. Hasta hace poco tiempo de venta libre, actualmente se están reglamentando, gracias a la toma de conciencia de las autoridades de los riesgos que estas sustancias producen.

Se utilizan pegamentos, acetona, quitamanchas, naftas y solventes. Las naftas, en general, contienen solventes aromáticos como el tolueno y benceno.

Al ser aspirados, habitualmente en bolsas plásticas, producen alegría, risa, falta de coordinación y orientación, una borrachera intensa. También se producen alteraciones de la percepción, no se siente frío ni hambre.

Son las drogas de los niños y los pobres, con las que pretenden combatir y olvidarse, con poco dinero, del hambre y el frío.

Producen alteraciones severas y daño en los riñones, el hígado y el sistema nervioso central.

* * *

Todas las drogas ilícitas se pueden detectar en sangre y orina. Es habitual hacerlo en el área deportiva como control antidoping. Se utilizan análisis cromatográficos. Es necesario prestar cuidadosa atención a la recolección de orina o sangre. Debe hacerse en presencia de un observador del mismo sexo. Vigilar el etiquetado de la muestra original y la del control que se reserva; sin confusiones, tanto en el traslado como en el lugar de almacenamiento en el laboratorio. No debe existir la posibilidad de error en el procedimiento, ni en la información del resultado, protegido por la necesaria confidencialidad que debe respetarse en la relación con el paciente. También en la clínica esos análisis son de utilidad. El laboratorio colabora para orientar a los médicos.

NO ILÍCITAS PERO PELIGROSAS: ALCOHOL Y TABACO

Es tan extensa la utilización de estos dos productos, socialmente aceptados como drogas lícitas, que muchos olvidan que comparten diversas características del uso, el abuso y la dependencia de las drogas ilícitas.

El alcohol produce efectos por todos conocidos sobre la conducta y el comportamiento social. Lesiona las células cerebrales, las del aparato cardiovascular, del hígado y de numerosos órganos internos, con múltiples y variados síntomas y trastornos, tanto agudos como crónicos.

Los consumidores lo asocian libremente con casi todas las drogas conocidas, sin tener en cuenta que el alcohol potencializa sus efectos. No se "registra" la facilidad de tener accidentes laborales, de tránsito o de convivencia que ocasiona el alcohol, solo o asociado.

Respecto del tabaco, la extensión de esa epidemia ya es un problema mundial, con graves consecuencias para la salud de la población.

Las cifras oficiales brindadas por la Organización Mundial de la Salud (OMS) para el año 2002 lo confirman: 5 millones de muertes causadas por enfermedades relacionadas con el tabaco, tales como padecimientos respiratorios, circulatorios, cáncer. Las proyecciones indican que estas cifras aumentarán, especialmente en los países en desarrollo.

La magnitud del uso y el abuso de alcohol y tabaco los hacen merecedores no ya de un capítulo, sino de un libro.[1]

[1] En esta colección ("Adicciones y cómo vencerlas"), está en elaboración un libro sobre alcoholismo y ya se ha publicado el libro de Faustino F. Beltrán, Marta Badino, Rosa M. Haub y María G. Muñoz, titulado: *El cigarrillo ilustrado. Para regalarle a un ser querido que todavía fuma.*

ALGUNAS ADVERTENCIAS PARA PREVENIR LAS ADICCIONES

Algunas advertencias y sugerencias para los miembros de la familia.

Consejos para prevenir el consumo, por ejemplo, en los hijos.

- Dialogar, escucharlos y razonar con ellos, aun frente a las opiniones con las que no se está de acuerdo.

- Manifestarles sentimientos de amor.
- No involucrar a los hijos en los problemas conyugales. Los matrimonios separados pueden mostrar acuerdos como padres.
- Si uno consume alcohol, cigarrillos y/o fármacos, disminuir o eliminar el propio consumo en forma visible.

• Dejar fuera del alcance psicofármacos y medicamentos.

• No hacer que dependan exclusivamente de la madre o el padre. No llegar a transformarse en madre sobreprotectora. Tampoco, en padre ausente o desdibujado. Los dos son importantes, cada cual en su papel y actuando en conjunto.

• Realizar tareas familiares compartidas. Leer, conversar, pasear, practicar deportes, efectuar visitas. Desarrollar un uso correcto del tiempo libre, con ellos, siempre que sea posible.

• Instalar hábitos adecuados en la vida familiar: higiene, trabajo, disciplina, horarios de estudio.

• Tratar de ser un ejemplo de vida para los hijos.

• Saber poner límites cuando sea necesario, ya que éstos favorecen la protección y el sano crecimiento de los niños.

• **Pedir ayuda** rápidamente a la gente capacitada, en los casos que explicaremos a continuación.

SIEMPRE CONVIENE ESTAR ALERTAS

Asumir que la oferta de drogas es masiva y que cualquiera puede ser tentado. Las drogas aparecen donde menos uno se lo imagine. El mercado legal o ilegal estimula el consumo, de todos los modos posibles a través de la publicidad.

Prestar atención a las **señales de peligro** y reconocer los **síntomas.** Por ejemplo:

- Las apatías prolongadas, el aislamiento. Son indicadores de importancia, junto con la marginación progresiva de la familia y de las actividades comunes. Son fácilmente visibles.
- La pérdida de interés por los deportes y los pasatiempos habituales.
- La ausencia de proyectos. Las mentiras reiteradas.
- El abandono del grupo de amigos. La aparición de nuevas amistades de mayor edad. Particularmente, si se mantienen ocultas.
- Los fracasos escolares o laborales.
- El aparecer involucrado con frecuencia en la desaparición de objetos valiosos del hogar, la escuela o el trabajo. Los gastos excesivos, el pedido de préstamos de dinero, en forma reiterada.

• El uso de ropa muy desaliñada, no la habitual. Aparición de tatuajes, “body piercing” (insertarse objetos punzantes en la piel de orejas, nariz, cejas, ombligo, lengua, pezones o genitales).

¿Y SI TODO INDICA QUE YA CONSUME?

Si aparecieron comprimidos no identificados, ocultamiento de sustancias, jeringas, cigarrillos raros. Si presenta ojos rojos, pupilas dilatadas, Si habla con dificultad, si tiene hematomas, pérdida brusca de peso, hemorragias nasales. Son signos de alarma.

- No hay que desesperarse ni paralizarse. Hay que demostrarle que uno está dispuesto a asumir el problema.
- No buscar culpables dentro ni fuera de la familia.
- No tratarlo como a un "enfermito".
- No victimizarse uno mismo ni sentirse culpable. Es necesario mostrarse capaz de tratar seriamente el problema, con seguridad y cordura.

HAY QUE BUSCAR AYUDA ESPECIALIZADA CON URGENCIA

¿CUÁLES SON LAS ETAPAS DEL USO INDEBIDO DE DROGAS?

Si su hijo ya consume, le resultará de gran ayuda ubicar en qué etapa está.

Usador a prueba o experimental

También llamado ocasional. Influido por las costumbres del grupo de pertenencia (de sus amigos o compañeros). Lo hace para no marginarse; para no ser un extraño.

Está el que se emborracha en una fiesta, los fines de semana en la discoteca, o en el tercer tiempo de los partidos de rugby. El que fuma 20 cigarrillos por día o un porro con los amigos ese viernes por la noche y lo repite el sábado. Las costumbres, las amistades, la distorsión de la sociedad que lo rodea lo aceptan como algo natural. Muchas veces, en menor grado, sus padres y familiares también lo hacen. Ésta es una etapa de gran importancia. Permite una actitud crítica y, con ayuda de padres, parientes, amigos y médico, la reversión o cambio. Pero siempre requiere trabajo intenso y ganas de superar el problema.

Abusador

Si persiste en la etapa anterior y lo hace en forma habitual, por tener una personalidad vulnerable y buscar soluciones mágicas, fáciles, pero equivocadas, entra en esta **etapa crucial**. Su hábito lo puede llevar al incumplimiento de obligaciones sociales, escolares, laborales.

También el consumo repetido en situación de peligro, por ejemplo, manejando un auto, una motocicleta, o accionando una máquina, lo lleva a tener problemas legales o sociales frecuentes.

El tiempo de desarrollo de esta problemática se calcula en cerca de un año. Si en la etapa anterior se cree que con ayuda puede revertirse la situación, en esta etapa ya la situación es mucho más delicada. Es decisiva para la posibilidad de un tratamiento que pueda considerarse satisfactorio. La siguiente etapa es de resultados terapéuticos inciertos.

Dependiente

A esta etapa se llega con el uso constante de las drogas, incapaz de evitar, de abstenerse. Existe una sumisión absoluta a las drogas, al consumo.

Presenta alteraciones psicofísicas y sociales marcadas. Está involucrada el área afectiva, con sus seres queridos: ya no es el de antes, no se interesa por los demás, rechaza las distintas formas de cariño, las atenciones cotidianas. Tampoco las retribuye. Todo lo cuestiona o lo ignora. Se aísla.

Es una etapa en la cual es muy difícil la convivencia. Presenta trastornos marcados en el área educativa. No sólo repite con frecuencia el año escolar, sino que abandona la escolaridad y la actividad deportiva que desarrollaba antes de la adicción. En el área laboral, las continuas ausencias sin justificativos, el incumplimiento de horarios, el desinterés, los múltiples errores en la realización de las tareas encomendadas o el quedarse dormido son habituales en esta etapa. Suele observarse deterioro total de la personalidad, severas manifestaciones clínicas, crisis, excitación, temblores, síndromes de abstinencia.

Necesita equipos especializados o internaciones repetidas para su tratamiento.

La recuperación en esta etapa es incierta, a pesar de la intensidad del trabajo que se dedica al dependiente. Actualmente, esa recuperación sólo llega a un 25 % de estos pacientes tratados.

Por eso recalcamos la importancia de prevenir la adicción (prevención primaria) y, si aparece, revertirla en la primera fase o, por lo menos, la segunda (prevención secundaria).

DIAGNÓSTICO PERSONAL

En medicina, un diagnóstico correcto es de la mayor importancia. Es el punto de partida para lograr la mejoría.

Lo realiza el profesional capacitado: médico psiquiatra o psicólogo habilitado. El ideal es recibir la derivación de médicos o la consulta de familiares lo antes posible, aun con dudas, ante los primeros síntomas.

Se debe realizar el diagnóstico personal de cada paciente, independientemente de la etapa en que se encuentre (usador a prueba o experimental, abusador o dependiente). Es de utilidad para encarar adecuadamente el tratamiento y aventurar un pronóstico. Siempre los padres preguntan: ¿se va a curar?, ¿cuándo? Ese pronóstico se basa en el estudio de varios ejes.

Tipo de droga

Sus características determinan los efectos sobre el organismo. Por ejemplo, la cocaína y la heroína son las drogas con mayor capacidad de reforzamiento. El reforzamiento es lo que condiciona la conducta que lleva al adicto a la búsqueda imperiosa de más y más droga. Esta particular característica es compartida en menor grado con alcohol, tabaco, anfetaminas, hipnóticos sedantes y algún alucinógeno.

Curiosamente, no está asociado solamente a los efectos placenteros de la droga, sino al hecho de obtenerla, de su posesión. Necesita tener en su casa o en el trabajo varios paquetes de cigarrillos, varias botellas con bebidas alcohólicas o varios "ravioles" de cocaína o "yerba" para los “porros”. *Lo moviliza y sufre hasta tener la posesión de la droga, lo obliga a la búsqueda de más droga*, con conductas exclusivamente dirigidas a ese fin, abstrayéndose de toda reflexión y de toda otra actitud, laboral o intelectual, mientras está en la búsqueda.

El mecanismo neuronal de **reforzamiento** pareciera estar ligado a circuitos propios del cerebro, presentes no sólo en la especie humana sino también en otras especies animales. Esta función de reforzamiento estaría ligada a conductas tendientes a encontrar no sólo alimento, sino refugio, calor, agua: elementos esenciales para la vida.

El reforzamiento, junto con el “craving” (anhelo marcado por la sustancia), produce, en los llamados consumidores recreacionales (por ejemplo, de fin de semana), la sensación de no poder disfrutar de ningún aspecto de la vida sin el consumo de la droga. Esto hace que se habitúen al uso diario para controlar situaciones displacenteras o pequeños trastornos cotidianos. Van así reforzando progresivamente la dependencia, con permanencia muy prolongada del recuerdo de sentirse mejor por el consumo, aun años después de abandonar la droga. Esto explica lo frecuente de las recaídas.

Personalidad y recursos

El profesional efectúa un estudio de la vulnerabilidad del paciente. Según su historia evolutiva desde la infancia y la niñez, qué tolerancia presenta ante frustraciones y cambios; cuáles han sido las recompensas por sus logros, cómo se lo ha gratificado.

También estudia los factores exógenos, fuera de la familia, las amistades. Averigua lo influenciable que es a las presiones y sugerencias. La capacidad de *resiliencia* (se llama así en medicina a la capacidad de salir de situaciones extremas).

Investiga sus mecanismos de defensa, sentimientos de culpa, estrategias de resolución de problemas inesperados.

Averigua cómo es su comunidad educativa y deportiva, si las hay; cuál es su desempeño actual y cuál fue el anterior. Toma nota del empleo del tiempo libre: cómo lo ocupa y con quién.

Evalúa su **discurso**. Todos tienen uno, creíble y adecuado solamente para ellos, al que adhieren firmemente, pues les calma la culpa y los justifica internamente, aunque esté alejado de la realidad. Hay muchos ejemplos repetidos incansablemente, como respuesta a la pregunta directa sobre el porqué del hábito adquirido. Los jóvenes suelen responder: "Porque ya no creo en nadie". Muchos adultos: "Porque me ayuda a soportar las tensiones diarias, laborales y familiares". Los artistas: "Por el estrés del *show*". Los deportistas: "Para ser campeón". Muchos: "Para estimularme sexualmente". Todos tienen sus razones, que defienden obstinadamente y sólo confirman su dependencia.

Cuanto más firme y empecinada es la defensa en el discurso, más dependencia hay.

Alteraciones somáticas

Para tener un diagnóstico completo del paciente, es necesario incluir las enfermedades de importancia que padece todo su organismo. Se investigan las afecciones cardíacas, hepáticas, neurológicas o psiquiátricas que el médico observe en el momento del examen. Ellas determinan, en caso de hallarlas, las llamadas comorbilidades, o sea dos enfermedades juntas, la adicción y otra. Empeoran el pronóstico y complican el tratamiento en caso de coexistir. Por ejemplo, dificulta la rehabilitación social la existencia de otra enfermedad mental subyacente (depresión, psicosis maníaca, brote esquizofrénico).

En esta área, se deben investigar los accidentes sufridos y sus secuelas traumatológicas y ortopédicas.

Las intervenciones quirúrgicas que ha tenido son de importancia para analizar.

Contexto familiar

El campo de investigación es amplio. Las historias personales y familiares son variadas. Básicamente, el profesional estudia si la familia es funcional o disfuncional. Si funciona como sostén y ayuda, si sostiene económicamente su sustento, acompaña los proyectos del paciente o sus intentos de progresar, crecer. Si existe abandono o desinterés en enterarse de qué ocurre con sus integrantes. Padres separados, nuevas familias ensambladas. Inexistencia de figuras de padre o madre. Automedicación y adicciones presentes o pasadas. Tipo de comunicación entre sus miembros, si la hay. Cómo actúan ante crisis y cambios económicos y sociales.

Escala de evaluación de la droga

Se averigua lo más fehacientemente posible (pues hay mucha negatividad o mentiras en esta área) la incidencia de la droga en 24 horas de la vida del paciente. La actividad diaria, detallada, semanal y mensual. Cuánto consume durante una semana, un mes, no sólo durante un día. Cuál es su entorno, cuánto consumen las personas que lo rodean y cómo incide su comportamiento en su actividad laboral o de estudio.

¿Y DESPUÉS? OCUPARSE DE LA DROGA

Con la ubicación de la etapa que cursa y la evaluación diagnostica personal, el profesional debe indicar el tratamiento adecuado y reconocer las posibilidades de recuperación.

¿Qué debe hacer la familia o los allegados después del diagnóstico? ¿Desèsperarse? ¿Abatirse? ¿Maldecir su suerte?

La tarea también se inicia para ellos, es ardua y larga. Conviene prepararse para ocuparse de la droga.

Asistir a una conferencia y escuchar pasivamente información de algún experto en drogas no es la respuesta eficaz para evitar el consumo y la prevención o ayudar al tratamiento. Pero sí es un buen comienzo.

Ocuparse es más amplio y compromete mucho tiempo para conocer, denunciar, educar. Lleva tiempo: interesarse por la familia, el trabajo, la escuela, el tiempo libre, la cultura, las relaciones interpersonales, el ambiente del dependiente de las drogas o el que sólo está en la etapa experimental. Todos son merecedores del trabajo.

Ocuparse de las drogas es rescatar al adicto proporcionándole instrumentos y protagonismo en un proyecto de vida responsable. Es mostrarle que las drogas actúan como anestésico y escapatoria para posponer a un eterno mañana la asunción de las responsabilidades reales de la propia vida.

Es insistir y demostrar que las drogas sustituyen sólo en forma transitoria y fugaz lo auténtico y perdurable de una relación afectiva. Y que las realizaciones sociales y laborales producen satisfacciones muy valorables. Es señalar lo valioso que resulta compartir con personas o entidades que estén dispuestas a movilizar sus capacidades de ayuda, comprensión y solidaridad.

En esta tarea no se puede estar solo, por eso es conveniente el trabajo en red.

EL TRABAJO EN RED

Todos participan formando una organización. Creemos que, así, lo inmodificable se puede cambiar, potenciando los recursos, creando nuevos conceptos y soluciones, tanto en la prevención como en el tratamiento. Se debe integrar no sólo con la familia sino también con todos los entes socialmente aptos: instituciones educativas, laborales, culturales, judiciales, deportivas y científicas responsables y conscientes de la función integradora que realizan. Hay que hablar, comprometer y comprometerse a combatir la venta, informar y educar a la mayor cantidad de personas y entidades con las que se contacte el adicto o usador a prueba.

El diagnóstico y el tratamiento profesional no invalidan la actuación de familiares y allegados al paciente. Por el contrario, los reúne, y se potencializan en su objetivo terapéutico y de rehabilitación.

Ocuparse de las drogas y el trabajo en red son tareas importantes que proporcionan gran ayuda al que la necesita y al que la realiza. Es terapéutico para todos.

Como se ve, contrasta con la actitud de desesperación y pasividad señalada al principio.

Cuanto antes se emprenda este trabajo, mejor...

DIALOGAR Y SABER ESCUCHAR. LA MEJOR PREVENCIÓN

La orientación de la prevención con mejores perspectivas debe tener presente que la adolescencia es un período caracterizado por grandes cambios. Éstos se realizan a gran velocidad. En lo corporal: el crecimiento desmesurado en talla, junto con la instalación de los caracteres sexuales. Con qué rapidez crecen los pelos, salen los pechos, tiene olor a sudor. En lo familiar: casi sin darse cuenta, terminan su relación "padres-hijos bebés". Cortar este vínculo infantil es muy doloroso para ambos. Muchas veces, se hace con rabia y marcada oposición, pues no hay ninguna causa aparente, para los padres, que justifique tanta rebeldía.

Para efectuar esta ruptura, al adolescente lo ayuda tener imágenes de referencia. Elige las que son suficientemente fuertes como para tratar de identificarse con estos nuevos modelos extrafamiliares. Figuras del rock, deportistas, líderes espirituales, cualquiera que llegue a ser considerado ídolo o héroe, vivo o muer-

to. Este irresistible impulso lo lleva a integrarse con otros adolescentes en su misma situación. Forman, de esta manera, grupos de pertenencia.

Muchas veces, estos grupos son los que inician en la droga a los adolescentes más vulnerables. Aceptan y experimentan las drogas para ser leales a los grupos de iniciados. No quieren ser marginados, dejados de lado. Lo aparentemente placentero de la droga, al principio, no es lo primordial. Sí, la pertenencia a la "banda". Recordemos que los adolescentes son muy buscados como mercado consumidor. En muchas áreas, dictan modas, formas de comportarse y resolver (o no) conflictos con autoridades establecidas (colegios, clubes) u otros grupos de pares, llegando a actos de violencia y agresión por su marcada omnipotencia. También determinan horarios para asistir a discotecas, lugares de reunión, "de onda". Todo un mundo con sus propias leyes, lenguaje y códigos.

De ahí la importancia, para los padres, de prestar atención, oírlos y escucharlos muy atentamente, confiando en sus capacidades, respetando su independencia, valorando sus logros, diciéndoselo cuando menos lo esperan.

Es necesario estar dispuesto al diálogo sobre proyectos de futuro, valores éticos y morales. No evadirse cuando se plantean temas de sexualidad, ni tampoco ser un obsesivo buscándolos insistentemente. Los temas políticos surgen diariamente, y las opiniones de los hijos deben ser tenidas en cuenta aunque difieran de las de los padres.

Es importante evitar conflictos y discusiones sobre temas que carecen de verdadera importancia.

Los límites deben ser claros, razonables y respetados por todos sin privilegios. Se pueden establecer al princi-

EASY SLIDERS
ROFI
Fakoe.

pio del diálogo. Sirven de modelo, asignan responsabilidades y, si surgen equivocaciones durante su aplicación, pueden replantearse, reconociendo las dificultades de toda convivencia, pero sin exclusiones, ni abandonos. Por supuesto que también sin violencia, insultos, amenazas, castigos, ni humillaciones, mucho menos frente a otras personas.

Es fundamental que los padres tengan siempre presente no perder el referente adulto, maduro, que el adolescente necesita. Si lo pierden, otro ocupará su lugar, tal vez alguien menos capacitado, probablemente menos bien intencionado.

¿COMBATIR O DESPENALIZAR?

Algunos líderes de opinión, apoyados por ciertos medios de comunicación, consideran que la discusión en el problema de las adicciones es optar entre políticas de combate al consumo y al narcotráfico o despenalizar, a través de una legislación, el uso de las drogas, liberándolas. Consideran que algunas de ellas tienen escasa nocividad, reconocen el carácter ancestral de las conductas adictivas y cuestionan las decisiones que pueden tomar los gobiernos que "acometen" contra la libertad individual.

Este concepto conlleva suponer que, para el Estado, la salud de la población dejó de ser un derecho atendible. Las consecuencias que las sustancias adictivas acarrean a toda la sociedad no le incumben, es una actitud que el individuo toma por su libre albedrío y amparado en su libertad personal. Se olvidan de que el adicto es un enfermo, incapaz, por múltiples razones, de curarse solo.

Las adicciones, liberadas a su evolución natural, conducen inexorablemente al deterioro lento y progresivo de toda actividad. Las relaciones laborales y sociales son las primeras en alterarse. Los accidentes, la violencia, la delincuencia están ligados, en porcentajes elevados, a la drogodependencia. Y esto es válido en toda estadística de cualquier país. La descendencia de los adictos, las futuras generaciones no se libran de patologías propias y agregadas (sida, por ejemplo), con los múltiples padecimientos que acarrean para todos. Los daños inciden marcadamente en la sociedad y en el país. Un Estado moderno y progresista no puede desatender estos aspectos, ignorarlos, liberarse del problema liberando la droga. El concepto de "que cada uno se las arregle como pueda (si quiere)" coincide con la filosofía del adicto/enfermo que consume para huir de una realidad que "no puede tolerar". Aceptar esta postura sería admitir que ya no existen medios para mejorar las condiciones de vida de la población. Creemos que, con dedicación y esfuerzos, los hay.

Las estructuras gubernamentales son responsables de establecer y hacer cumplir las leyes. Que sean iguales para todos, por un principio de equidad. Su tarea es combatir la desocupación, la recesión, el lavado de dinero, la corrupción y, fundamentalmente, mantener la **paz** (interna y externa).

Los gobiernos no poseen todos los recursos indispensables para la lucha contra la droga, ni económicos ni creativos. El narcotráfico no es un problema solamente social, es un problema básicamente de dinero; insaciable, siempre quiere tener más. Agota y supera, con su poder económico, muchas estructuras políticas y judiciales. Por eso, en las inversiones publicitarias de prevención, tan costosas, recalcamos la importancia de la actitud individual de los padres con los hijos. Inversión en información y apoyo a nivel familia, escuela, organizaciones culturales y deportivas, con menor costo y mayor rendimiento.

PROGRAMAS PARA SALIR DE LA DROGA

Nadie duda de que, para llegar a desarrollar una adicción, hay muchos y variados problemas que se instalan sobre una personalidad con múltiples facetas. La situación siempre es compleja.

Su tratamiento incluye aspectos importantes de sociología, psicología, medicina, antropología y derecho. Por lo tanto, todo plan terapéutico racional debe basarse en la interdisciplina. Con un objetivo único: **el adicto**.

No crean en magia, ni en salvadores únicos. La mejoría y la cura de las adicciones deben hacerse con mucho trabajo y por un equipo interdisciplinario.

Son varios los profesionales que desarrollan sus conocimientos sobre el paciente y su entorno. Según el diagnóstico de situación (usador experimental, abusador o dependiente) y el diagnóstico personal, se elabora un programa de "escalones" de tratamiento. ¿Qué se busca? Las consignas y las normas impartidas tienen lineamientos de conductas, intentan reordenar y potencializar las propias capacidades del adicto, sus aptitudes, afectos, identidad, su realidad personal liberada de la necesidad y el deseo compulsivo hacia la droga.

Se trabaja para que, a través de la intervención personal del paciente y el apoyo de una **red social** alternativa, éste logre la creación de nuevas estructuras.

Un equipo terapéutico eficaz debe cumplir su actividad en tres áreas:

1) Prevención. Detección precoz de adicciones, en

la macrocomunidad, antes que la drogadicción se manifieste. Realizar tareas de educación y difusión en todo medio a su alcance en escuelas, clubes, periodismo en todas sus áreas, radial, televisivo o gráfico.

2) Docencia e investigación. Deben dictarse cursos de epidemiología de toxicomanías. Pasantías para terapeutas. Publicación de trabajos científicos y discusión en jornadas, simposios y congresos de la especialidad.

3) Asistencial. El ingreso del paciente se decide según diagnóstico. Incluye la asistencia individual, grupal y familiar, por un equipo interdisciplinario. Efectúa evaluaciones, orientación, rehabilitación, reinserción sociolaboral y seguimiento adecuados a cada paciente en particular.

Debe contemplarse el compromiso de continuar un "soporte" postratamiento para el paciente. Significa un gran cambio en su forma de vida. Son de utilidad para ese fin las reuniones que se forman en los distintos lugares de tratamiento o grupos amplios de larga trayectoria, tipo Alcohólicos Anónimos.

PLANES TERAPÉUTICOS EN EL ÁREA AMBULATORIA

Recordemos algunas de las condiciones de primordial importancia para la admisión de pacientes en esta área.

La primera es la manifestación del deseo de curación. Por lo general, la mayoría de los pacientes no se considera enfermo, no sufre por la droga. Lo traen, él viene a dar testimonio, los demás están preocupados, él goza, es independiente, no quiere ni usar la palabra "droga".

De ahí la importancia que tiene, en la admisión y las sucesivas entrevistas, la presencia de un operador socioterapeuta, exadicto, para facilitar la franca comunicación del paciente en su jerga y sus características, con el equipo tratante.

Otra condición que se debe conseguir es la contención familiar, física y emocional que garantice el no acceso a las drogas durante el tratamiento. De difícil logro, pues las características familiares son precisamente las que con frecuencia inciden en el desarrollo de las adicciones, por su permisividad y falta de control. Se necesita un cambio importante.

Los padres deben tomar rápidamente conciencia de su nueva forma de actuar según estrictas consignas.

Actualmente tienen gran difusión, por sus logros, los **talleres**. Desarrollan las habilidades sociales, para buscar la reinserción sociolaboral, y las habilidades afectivas, para adquirir y acrecentar la autoestima del paciente. Actúan también como elementos de protección para evitar recaídas.

Se intenta crear ideales que originen proyectos, promover la solidaridad y estimular las fuerzas creativas del paciente. También, que practique deportes.

Para incorporar adictos en estos grupos, se debe extremar su diagnóstico psiquiátrico. La comorbilidad psiquiátrica aguda, o sea dos enfermedades mentales juntas, es un factor que impide su inclusión en estos grupos terapéuticos.

Al comenzar la actividad terapéutica ambulatoria, se sugiere realizar un contrato por 4 a 6 meses de tratamiento. Al finalizar ese período, se efectúa una evaluación. Según el resultado, se puede continuar con otro período igual, para afianzar el tratamiento o hasta cumplir criterios para dar de alta al paciente.

INTERNACIÓN EN CENTROS DE DÍA (NIVEL II) O COMUNIDADES TERAPÉUTICAS (NIVEL III)

La persona que necesita internación por su dependencia de las drogas vive un estado psicoemocional especial, incomprensible para quien no es adicto.

Como dice Elías Neuman: vive sin emotividad, sin afecto, sin voluntad. Se aferra a muy pocas cosas: el sexo, algunas supersticiones, tabúes. Tiene y siente un vacío trascendente, ausentes la fe y la ilusión.

Por el tiempo en que el paciente permanece en la institución, se requiere que el equipo tratante no sólo sea multidisciplinario, sino que también tenga una coordinación de criterios precisa.

Las consignas y normas, los lineamientos de conducta se conjugan con los modelos que representan los terapeutas en idoneidad y ética, pues durante la internación en **centros de día-nivel II** comparten la actividad durante todo el tiempo de la permanencia del paciente (que es habitualmente de unas 10 horas diarias). En las **comunidades terapéuticas-nivel III**, están las 24 horas del día, aun los fines de semana, en forma permanente. Se trata de que, con este modelo de reordenamiento de la relación paciente-residente, se consiga su reinserción en la sociedad y la ley.

El profesional que deriva pacientes a centros especializados con internación debe conocer previamente el lugar, el personal y la forma de implementar los tratamientos. También debe estar de acuerdo con la filosofía que orienta a la institución. Estas indicaciónes deberían ser compartidas por los familiares del futuro internado. Eso brinda una sensación de seguridad para todos.

Un **equipo multidisciplinario** debe incluir: médico clínico, médico psiquiatra, coordinador terapéutico, un operador socioterapeuta cada siete residentes/internados, supervisor, terapeuta familiar, un psicólogo cada siete residentes, trabajador social, profesor de educación física, nutricionista, musicoterapeuta, laborterapeuta, profesor de teatro, abogado asesor.

Se pueden efectuar tareas de: terapia individual, grupal, de familia, grupos de reflexión multifamiliar, talleres psicoeducativos, sistemas de convivencia comunitaria permanentes.

El contrato inicial es similar al del tratamiento ambulatorio. Se debe recordar tomar todos los recaudos legales que implica el nivel III de internación de tiempo total, con restricción de salir del establecimiento, dado el riesgo de abandono de tratamiento.

Cuando analizamos detenidamente la cantidad de profesionales especializados, las horas de trabajo, dedicación, esfuerzo y costos económicos, y comparamos con el magro resultado final que muchas veces se obtiene, le pediríamos a ese joven a quien le ofrecen un "porro", diciendole que es inocuo, menos tóxico que un cigarrillo, o al que toma esa anfetamina en la discoteca, para aumentar su potencia sexual, que se detenga a leer estas líneas antes de aceptar.

La mayoría de los planes terapéuticos en internación se basan en el modelo "**Progetto uomo**". Incluye tres líneas de trabajo: **el comportamiento, el proceso motivacional** y **el proceso emocional**.

El comportamiento: está vinculado con la falta de límites que tiene el paciente. La tarea comienza con la admisión, que incluye, junto con el terapeuta, a un operador socioterapéutico exadicto. Se entrevista a todo el grupo familiar. Se dan consignas y normas de convivencia comunitaria.

El proceso motivacional: está vinculado con la falta de control en el consumo de la droga. Se investiga el compromiso con ella. Tiempo de consumo, modalidad psicológica de defensa (el discurso), la historia personal, vinculada a cómo fue gratificado o recompensado por los padres desde la infancia. Cómo supera las frustraciones, los cambios. Cuáles son los logros obtenidos, los ideales, los proyectos. La influencia de amigos y parientes en las distintas etapas de su vida.

El proceso emocional: está vinculado con la falta de decisión para evitar o abandonar el consumo. Se investigan y tratan los sentimientos de inutilidad, temor, pérdida de sentido de las cosas. El adicto tiene que creer, por mal que se encuentre, que posee un alma. Casi no le queda otra cosa. La recuperación reside en la necesidad de creer, no en eludir el dolor, los problemas, vano intento que ha permanecido en él desde que se orientó a las drogas. Sabemos que no son fuertes y equilibrados, por eso llegan a esta situación. Es ardua la tarea en esta área, también llamada **espiritual**.

Durante su estadía, todo queda registrado en la carpeta terapéutica y la historia clínica. Fundamentalmente, deberán incluirse las evaluaciones parciales que colaboran para adoptar las estrategias más adecuadas.

El objetivo es la resocializacion, a través de darle la posibilidad de su propia intervención personal, asentada en las estructuras básicas que posee, potencializadas durante la actividad terapéutica. Llegar a ser quien realmente es, sin la droga.

CUADROS CLÍNICOS AGUDOS. TERAPIAS DE URGENCIA

Los familiares deben estar preparados, no asustarse si los llaman una mañana, de una comisaría o un hospital lejanos a su domicilio, con la noticia de la internación del hijo. Los accidentes y cuadros agudos pueden suceder en cualquier nivel de consumo: usador a prueba, abusador o dependiente (ver: "¿Cuáles son las etapas del uso indebido de drogas?").

Las sobredosis y las asociaciones de drogas por consumo simultáneo, o la idiosincrasia y la tolerancia personal determinan emergencias médicas que, en muchas ocasiones, requieren cuidados intensivos.

Los síntomas que se presentan en estos episodios clínicos agudos son variados. Al principio, se quejan de dolor y opresión en el pecho. Aumentan marcadamente la frecuencia cardíaca y la presión arterial. Se observan alteraciones del ritmo cardíaco y hasta cuadros de insuficiencia coronaria aguda. La actividad de las glándulas suprarrenales, que segregan adrenalina, puede desarrollar aumentos del azúcar en sangre (hiperglucemia) y descensos del potasio circulante (hipokalemia), incluso llega a la pérdida de actividad de las células cardíacas, por deterioro.

Las células del cerebro se conectan entre sí y transmiten los impulsos de su actividad a través de mediadores químicos llamados neurotransmisores. El descenso de los niveles de neurotransmisores del cerebro nos da cuadros de desinhibición, trastornos del juicio, excitación motriz, ansiedad, pánico y paranoias. Episodios agudos de gran alteración y riesgo de vida. En los cuadros de mayor gravedad, se observan aumento de la temperatura corporal (hipertermia) y temblores, que continúan con sacudidas y convulsiones.

Cuando bruscamente, por alguna causa, por ejemplo falta de acceso a la droga, desciende el nivel de esa sustancia a la que el organismo se había adaptado, surge el **síndrome de abstinencia**. El paciente presenta agotamiento extremo, letargo. No tiene ganas ni de moverse. Aparecen temblores, dolor muscular generalizado, trastornos del juicio, delirios y alucinaciones visuales y auditivas. Algunos pacientes en abstinencia entran en estados de gran ansiedad, pánico y, cuando aumenta la excitación psicomotriz, son de difícil contención y de gran peligro, no solo para sí mismos, sino también para quienes los rodean.

El tratamiento de estas emergencias es sumamente especializado. Incluye distintos tranquilizantes y sedantes, con adecuada hidratación y protección renal y cardiocirculatoria, según el cuadro clínico, el análisis de laboratorio y el monitoreo de funciones. Se requieren un tratamiento y un enfoque de **terapia intensiva**. (Recordemos no usar medidas de restricción física en pacientes agitados; esto puede aumentar la actividad muscular, exagerando la hipertermia y el deterioro de las células.) La hipertermia debe ser tratada con medios físicos y sedación lo más rápido posible. Aire frío por intubacion traqueal, sonda nasogástrica por la que se pasa agua fría, bolsas con hielo en la cabeza, axilas, ingle.

Un párrafo aparte merecen los **"body packers"**, transportadores de cocaína en bolsas intrarrectales, generalmente en profilácticos. Se trata de una población particular que debe internarse en todos los casos, aun sin síntomas, por la posibilidad de rotura de la bolsa y consecuente intoxicación grave, mortal. Se efectúan radiografías, tomografías y otros métodos para ubicar la "carga" y su estado.

Con respecto al vínculo profesional de los médicos y los terapeutas con pacientes que consumen drogas, recordemos que en la República Argentina, desde el punto de vista legal, rigen el secreto médico y la confidencialidad según el artículo 156 del Código Penal.

DROGAS EN LA ANTIGÜEDAD

Recorriendo actitudes y pensamientos en las diferentes épocas de la historia en que se produce el apogeo de las distintas drogas, podemos observar, a la distancia, la ingenuidad y la falta de conocimientos de los riesgos que implica manejar ciertas sustancias. Riesgos muchas veces originados en la búsqueda, por parte de los integrantes de un equipo de salud, de mejoras para algún individuo o un sector de la población que sufre. Vaya paradoja. El ansiado alivio se transformaba en pesadilla en poco tiempo. La droga "salvadora" pasaba a ser un arma de destrucción.

También se puede observar, en algunos grupos, el alegato que pretende justificar sus acciones adictivas diciendo que las drogas son "tan viejas como el mundo", que siempre existieron y que ellos buscan "elevarse" de la mediocridad que los circunda con el consumo (ignorando sus graves complicaciones).

En la antigua mitología griega y en casi todas las remotas culturas primitivas de la humanidad, se observa, sí, una búsqueda de acercamiento del hombre a los dioses. Se efectuaba luego de un largo entrenamiento iniciático y, finalmente, a través de la incorporación de una "pócima sagrada" (ingestión de hongos, bebidas fermentadas o inhalantes).

La preparación previa, el ambiente especial en el que se llevaba a cabo, el público que acompañaba con su presencia, cánticos y danzas, todo propiciaba un estado solemne para el ascenso del espíritu a los dioses, según sus creencias. Los productos de la tierra eran vehículos para el goce del alma. Todo era considerado como experiencia y acontecimiento extraordinario, no al alcance de cualquiera. Sólo para los que tenían una disposición espiritual previa. Existían una selección, un riguroso entrenamiento y una dedicación exclusiva: sacerdotes, magos, chamanes, reyes. Tampoco se hacía en forma permanente, sólo en grandes celebraciones, en santuarios y fechas estipuladas, con acceso restringido a la droga. Sólo para los que pasaban la rigurosa selección.

¡Qué diferencia con los adictos actuales! Por más discursos que construyan sobre la Antigüedad, hoy sólo buscan la evasión de la realidad a través del placer momentáneo. Repetido una y otra vez, sin ningún acercamiento espiritual a nada.

Las drogas sólo producen destrucción del espíritu. Ahora y en la Antigüedad.

EL DESAFÍO ACTUAL

A través de los años, se observan cambios en los tipos de drogas que ciertos grupos humanos adoptan y consumen con preferencia. Las crisis sociales impulsan modificaciones en la preparación, la comercialización y las características de las sustancias que más se venden. La inventiva y los recursos son inagotables, siempre apoyados por un fin económico. El objetivo es claro: aumentar las ventas.

En la actualidad, son varios los factores notables para tener en cuenta. Ellos determinan un desafío constante para todos. Por ejemplo:

- El crecimiento del sida asociado al consumo de drogas.
- El mayor consumo de alcohol a edades más tempranas, aislado o junto con otras drogas.
- El aumento marcado de violencia y delincuencia, acompañadas por drogas.

• Los nuevos sistemas de salud, de difícil acceso para la población en general.

• La crisis económica, que obliga a modificar hábitos y conductas.

• El aumento de cuadros psiquiátricos.

Estos puntos de referencia nos obligan a estar actualizados en forma permanente. Todo cambia, con matices y giros imprevistos. Debemos informarnos y estar al día. Todos los días.

Es deseable una revisión de la legislación, basada en datos concretos, mayor regulación y controles eficaces del abuso de psicofármacos, tanto recetados sin ninguna evaluación como automedicados. Algo se ha logrado con las drogas socialmente aceptadas: alcohol y tabaco. Queda mucho por hacer. La información veraz y actualizada es de gran importancia para desarrollar planes de prevención, especialmente para los más indefensos: los niños y los adolescentes, mercado predilecto para transformarlos en consumidores de sustancias tóxicas licitas e ilícitas.

Recordar que la prevención no sólo incluye información a todo nivel sino, también, alimentación adecuada, higiene, educación, trabajo, asistencia médica y aportes socioculturales en los grupos sociales vulnerables.

Las adicciones, por su compleja y variada sintomatología, son un severo desafío para la sociedad en general.

Este resumen intenta mostrar
un panorama y una orientación
para acompañar y aliviar el sufrimiento
de los que tienen un adicto en su familia.
La búsqueda del auténtico bienestar
es un derecho de la especie humana.

BIBLIOGRAFÍA

Adler, E. (2001): "Éxtasis. La droga que acecha en las disco", *La Nación*, Buenos Aires, 24 de junio.

American Academy of Pediatrics (1988): *Estadios en el uso indebido de drogas.*

Antonini, E. (1998): "Estadísticas para la prevención", *La Nación*, Buenos Aires, 2 de octubre.

Antonini, E. (2000): "Algunos signos alentadores", *La Nación*, Buenos Aires, 28 de mayo.

Antonini, E. (2001): "Más vale educar que rehabilitar", *La Nación*, Buenos Aires, 6 de junio.

Bey, P. (1998): "Sorpresivo informe sobre drogas", *La Nación*, Buenos Aires, 21 de junio.

Cámara de Diputados de la Nación (2000): *Seminario regional sobre SIDA y drogas. Reducción de daños en el Cono Sur*, Buenos Aires.

Canaletti. R. (1991): "Cómo saber si mi hijo se droga", *Clarín*, Buenos Aires, 24 de febrero.

Casas, D. (2001): "Apuesta a la industria del juego", *La Nación*, Buenos Aires, 13 de mayo.

Comité de Estudio Permanente del Adolescente (1989): *Seminario: La legislación en la vida del adolescente*, Buenos Aires.

Correa, I. (1998): "En San Isidro como en Villa Fiorito", *La Nación*, Buenos Aires, 16 de octubre.

Dominicis, A. (2001): *Seminario residencial de capacitación*, Buenos Aires, Fundación Ayelén.

El Dinámico. Revista de la Fundación Belén, Escobar, (7) 2001.

Falcon, J. (1999): "Problemas clínicos por consumo de drogas ilegales", *Interclínicas Psi*, Buenos Aires, (4), pp. 20-25.

Falke, G. (1998): *Adolescencia, familia y drogadicciones*, Buenos Aires, Atlante.

Farrow, J. (1990): "Adolescent chemical dependency", *Emergency Medicine Clinics of North America*, 74 (5), pp. 1265-70.

García Terán, M. (1999): "Día internacional de lucha contra el uso indebido de drogas", *La Nación*, Buenos Aires, 26 de junio.

Grimson, W. (1996): "Drogas. Hechos, no palabras", *Clarín*, Buenos Aires, 15 de enero.

Intebi, I. (1998): *En las mejores familias*, Buenos Aires, Granica.

Junger, E. (2000): *Acercamientos. Drogas y ebriedad*, Buenos Aires, Tusquets.

La Nación, (1998): "Droga, familia y medios" : Buenos Aires, 14 de noviembre.

La Nación (1999): "La droga. Amenaza para todos", Buenos Aires, 26 de junio.

La Nación (1999): "Prevención de adicciones", Buenos Aires, 28 de noviembre.

La Nación (2001): "El trabajo y las adicciones", Buenos Aires, 5 de agosto.

Llabrés, C. (2003): "Prevención de adicciones", *La Nación*, Buenos Aires, 24 de mayo.

Meller, J. L. (1992): "Participación del pediatra en el diagnóstico y el tratamiento de las adicciones", *Pediatrics in Review*, 13 (7), pp. 272-77.

Míguez, H. (2003): "Epidemiología de la alcoholización juvenil en la Argentina", en Secretaría de Programación para la Prevención de la Drogadicción y la Lucha contra el Narcotráfico: *Informe 2003*, Buenos Aires.

Neuman, E. (1979): *La sociedad de la droga*, Buenos Aires, Lerner.

Pasquini, G. (1996): "Droga en la Argentina. Mentiras públicas, verdades privadas", *La Nación*, Buenos Aires, 8 de diciembre.

Peck, J. (2001): "Escenas del campo de batalla", *La Nación*, Buenos Aires, 6 de junio.

Programa Nacional de Actualización Pediátrica (1998): *Algunas ideas para convivir en armonía*, Buenos Aires, Sociedad Argentina de Pediatría.

Rempel, D. (2001): *Prevención en el hogar*, Rosario, IV Congreso Argentino de Salud Integral del Adolescente.

Revista Asumir, Buenos Aires, 6 (12) 2001.

Roldán, C. (1990): "Drogadependencia", *Archivos Argentinos de Pediatría*, Buenos Aires, 88 (3), pp. 133-35.

Saguier, J. (1998): "Hablar con los hijos", *La Nación*, Buenos Aires, 16 de octubre.

Scherer, F. (2003): "Una maldición cotidiana", *Revista La Nación*, Buenos Aires.

"Seminario El pediatra frente a la drogadicción" (1987): *Archivos Argentinos de Pediatría*, Buenos Aires, 85 (2), pp. 85-87.

Serfaty, E. (1993): *Indicadores y riesgo de consumo. Salud mental en adolescencia y juventud*, Buenos Aires, Sociedad Argentina de Pediatría.

Silva, M. L. (1999): *Adicciones. La sociedad ante un dilema*, Buenos Aires, Editorial Policial.

Souza, C. (2000): "Los árboles y el bosque", *La Nación*, Buenos Aires, 28 de mayo.

Souza, C. (2001): "La mejor red de contención social", La Nación, Buenos Aires, 6 de junio.

Valcarcel, Z. (1998): "Los jóvenes y el alcohol", *La Nación*, Buenos Aires, 16 de octubre.

Wren, Ch. (2000): "El museo de los paraísos artificiales", *La Nación*, Buenos Aires, 28 de mayo.

Se terminó de imprimir en el mes de agosto de 2004
en el Establecimiento Gráfico **LIBRIS S. R. L.**
MENDOZA 1523 • (B1824FJI) LANÚS OESTE
BUENOS AIRES • REPÚBLICA ARGENTINA